PRIX ET ÉTRENNES

L'ASSOCIATION
DES FILEUSES

OU

L'HARMONIE DANS LE TRAVAIL

RÉCRÉATION D'ÉCOLES PRIMAIRES

DE FILLES

1872

ROMORANTIN

IMPRIMERIE ET LITHOGRAPHIE DE JOUBERT-MOREAU.

PRIX ET ÉTRENNES

L'ASSOCIATION
DES FILEUSES

OU

L'HARMONIE DANS LE TRAVAIL

RÉCRÉATION D'ÉCOLES PRIMAIRES

DE FILLES

1872

ROMORANTIN
IMPRIMERIE ET LITHOGRAPHIE DE JOUBERT-MOREAU.

EN AMUSANT
Exercer la mémoire,
Élever l'intelligence,
Ouvrir le cœur.

Ernest GAUGIRAN,
Ancien Maire, délégué cantonal du département
de Loir-et-Cher.

AU SOUVENIR
DE
M. D. NODOT
Officier d'Académie
INSPECTEUR DE L'INSTRUCTION PRIMAIRE

Qui m'avait proposé pour le titre
d'Officier de l'instruction publique.

Juin 1870.

L'ASSOCIATION DES FILEUSES

ou

L'HARMONIE DANS LE TRAVAIL

Récréation d'Écoles primaires
DE FILLES
EN UN ACTE

La scène se passe dans un petit bourg de Sologne.

PERSONNAGES :

MÈRE FILASSE.
FEMME BABEURE.
LA CHARBONNIÈRE.
LA PETITE NANNETTE.
FEMME LAMBINE.
LA DAME DU CHATEAU.
UNE FACTRICE.
Plusieurs femmes du bourg.

Le Théâtre représente un intérieur d'ouvrier de campagne, propre mais pauvre. *A gauche*, un petit meuble à dressoir, un rouet et une chaise. *A droite*, une table. *Au fond*, un vieux fauteuil. Porte à gauche, porte à droite.

Toutes les indications sont prises de la gauche et de la droite du spectateur. Les personnages sont inscrits en titre de chaque scène, dans l'ordre qu'ils doivent occuper.

SCÈNE I.

FEMME LAMBINE, FEMME BABEURE.

(Au lever du rideau, femme Lambine tourne le rouet très lentement. Femme Babeure met en paquet de gros écheveaux de fil qui sont sur la table. Un paquet tout fait est au bas de la table.)

FEMME BABEURE.

Allons! Lambine, dépêche-toi d'achever ta tâche. Moi, je vais porter ces écheveaux à l'hôpital; la supérieure m'a promis de nous les acheter un bon prix pour faire des draps. — La mère Filasse va mieux, nous sommes à la fin de notre travail. Il faut maintenant faire de l'argent avec notre fil; ça, c'est mon affaire. Vous autres tâchez d'en faire encore un bon bout.

FEMME LAMBINE *(filant toujours très lentement)*.

Moi, je fais de mon mieux; mais, vous savez, je ne suis pas forte.

FEMME BABEURE.

(Elle a fini le paquet et le charge sur son épaule.)

Est-ce que je suis plus forte que toi? *(Elle prend le second paquet.)* Il n'y a pas de la force chez le monde, il y a de la volonté...

FEMME LAMBINE.

Il me semble pourtant que j'ai de la volonté.

FEMME BABEURE.

Peut-être, ma pauvre Lambine, mais pas assez du bon côté, voilà tout. — Trop de paroles, c'est du temps pris au travail; adieu, Lambine. Dépêche-toi pour avoir fini à l'heure. Je crois qu'après toi c'est le tour de la Charbonnière. Tu lui diras que je suis allée à l'hôpital. *(Elle sort par la porte de gauche.)*

FEMME LAMBINE.

Adieu, mère Babeure.

SCÈNE II.

FEMME LAMBINE.

FEMME LAMBINE *(après avoir filé un instant encore plus lentement, elle s'arrête et se croise les bras)*.

Quelle drôle d'idée tout de même de nous être attelées là, presque toutes les femmes du bourg, au rouet de la mère Filasse. *(Elle reprend son travail, mais toujours dans le même mouvement. Elle s'arrête encore et regarde la bobine.)* Tout de même je n'en aurais jamais tant fait pour moi. — Ce que c'est, quand on travaille, on arrive. Ça m'aura habituée de voir les voisines travailler avec tant de courage pour la seule fin d'obliger le pauvre monde... La mère Babeure, la Charbonnière, elles vous poussent, elles vous poussent... Il faut aller malgré soi... mais tout de même ça fatigue...

(Elle s'éloigne un peu du rouet et laisse tomber ses bras et sa tête comme de lassitude).

SCÈNE III.

FEMME LAMBINE, LA CHARBONNIÈRE.

LA CHARBONNIÈRE *(entrant par la porte de gauche, elle porte un petit panier)*.

Eh! bien, Lambine! vous dormez! je le dirai à la Babeure, elle vous mettra à l'amende.

FEMME LAMBINE *(se réveillant et se frottant les yeux)*.

Ah! la Charbonnière.

LA CHARBONNIÈRE.

Oui, la Charbonnière qui sait que ça ne vous amuse guère de filer et qui vient prendre votre place avant l'heure.

FEMME LAMBINE *(baillant)*.

A ah!

LA CHARBONNIÈRE.

Mon homme est venu manger la soupe de bonne heure aujourd'hui; la *poque* est à l'école et je me suis dit : « c'est le tour à la Lambine, ce matin, allons la relever, ça lui fera plai-

sir.. et çà fera un peu plus de fil pour la mère Filasse... »
J'arrive.

(Tout en parlant, elle a posé son panier sur la table et en a tiré des fruits qu'elle a disposés sur une assiette. De la table elle revient à Lambine, prenant un ton de reproche.)

J'arrive, et je vous trouve dormant sur l'ouvrage.

FEMME LAMBINE (*bâillant.*)

Aah ! moi, je pensais...

LA CHARBONNIÈRE.

On pense et on file en même temps.

FEMME LAMBINE.

Oh ! je pensais trop.

LA CHARBONNIÈRE (*haussant les épaules.*)

Et à quoi ?

FEMME LAMBINE.

Je me disais... car je ne suis pas sans me parler quelquefois moi... Je me disais : Tout de même les voisines ne feraient peut-être pas pour moi ce qu'elles font et ce que je fais pour la mère Filasse...

LA CHARBONNIÈRE.

Cela n'a pas de bon sens ce que vous vous disiez-là... Est-ce qu'il y a deux mères Filasse dans le bourg ? — Est-ce que c'est vous, Lambine, qui avez soigné et veillé tous nos enfants, les uns après les autres, durant cette mauvaise maladie qui a régné ?

FEMME LAMBINE.

Non — c'est la mère Filasse.

LA CHARBONNIÈRE.

Est-ce que c'est vous qui faites pour rien les voyages à Chaon pour prier saint Jeune-Fort, quand nos pauvres petits en ont besoin.

FEMME LAMBINE.

Non — c'est trop loin.

LA CHARBONNIÈRE.

La mère Filasse ne trouvait jamais que c'était trop loin malgré son grand âge.

FEMME LAMBINE.

C'est vrai.

LA CHARBONNIÈRE.

Et puis. Est-ce que nous ne savons pas tous dans le bourg que si la mère Filasse n'a plus rien chez elle, c'est qu'elle a tout donné aux pauvres gens, tout, jusqu'aux derniers effets de son fils qu'elle aime tant...

FEMME LAMBINE.

Oui.

LA CHARBONNIÈRE.

Vous voyez bien, Lambine, que vous aviez tort de penser comme ça...

FEMME LAMBINE.

J'avais tort, et je vais reprendre mon travail. *(Elle reprend son travail au rouet.)*

LA CHARBONNIÈRE.

Non. Donnez-moi votre place.

FEMME LAMBINE *(Elle continue à filer lentement.)*
Je ne suis pas fatiguée...

LA CHARBONNIÈRE *(à part.)*

Je le crois bien, de ce train là.

FEMME LAMBINE.

Je m'y fais.

LA CHARBONNIÈRE *(Prenant la bobine des mains de f° Lambine et riant.)*

Je le vois. *(Regardant le fil.)* Votre fil n'est pas mauvais... Mais à l'heure, je vous en céderais, et comme il s'agit d'en faire encore une bonne charge, je prends votre place.

FEMME LAMBINE.

Puisque vous le voulez. *(Elle se lève.)* Je veux bien tout de même ; je vous regarderai, ça m'apprend...

(La Charbonnière qui a pris la place de Lambine, se met lestement à l'ouvrage. Pendant ce jeu, Lambine aperçoit les fruits sur la table, va en prendre un et le mange.)

LA CHARBONNIÈRE *(Tout à son travail, n'a rien vu)*.

Le médecin est-il venu ce matin ?

FEMME LAMBINE *(mangeant)*.

Non. La petite Nannette m'a dit tout à l'heure que M. Droguet ne devait pas revenir avant quelques jours...

LA CHARBONNIÈRE.

C'est bon signe. Aussi depuis avant-hier je voyais du mieux *(Elle file toujours)*.

FEMME LAMBINE *(continuant à manger)*.

La petite Nannette a même dit que la mère Filasse se lèverait sur le tantôt.

LA CHARBONNIÈRE *(s'apercevant que Lambine mange un fruit et arrêtant son travail)*.

Lambine, à l'école vous étiez paresseuse, aujourd'hui il faut que je fasse votre tâche. — Vous étiez gourmande, et pendant que je travaille vous mangez les fruits que j'ai pris sur notre déjeûner pour la mère Filasse... Vous n'avez pas changé... Vous êtes un mauvais cœur.

FEMME LAMBINE *(mangeant toujours)*.

Ah ! par exemple... pour une pomme...

LA CHARBONNIÈRE.

C'est le fruit de la tentation, et le plus dangereux... mais pomme ou poire, ce que vous avez fait là est très mal, et je vous jure que je le dirai à la mère Babeure.

(Elle reprend son travail).

FEMME LAMBINE *(à part)*.

La mère Babeure est à l'hôpital, j'ai le temps de réparer ma gourmandise... *(Haut)* Pardonnez-moi, la Charbonnière, je n'y voyais pas de mal et je sens que j'ai eu tort. Mais nous avons du fruit aussi chez nous ; je vais en chercher...

LA CHARBONNIÈRE.

Dépêchez-vous donc et apportez-en une charge.

(Fᵉ Lambine sort par la porte à gauche).

SCÈNE IV.

LA CHARBONNIÈRE.

LA CHARBONNIÈRE *(filant)*.

C'est une enfant terrible que cette Lambine... Heureusement c'est la seule parmi nos fileuses. Dieu merci ! — J'entends la voix de Nannette, la voix de la mère Filasse. Notre chère malade aura voulu se lever... Si elle allait venir ici... Il ne faut pas qu'elle sache que son rouet n'a pas cessé de travailler pendant sa maladie.

(On entend du bruit à la cantonade à droite. La Charbonnière se lève précipitamment, pousse le rouet et étend sa jupe pour le cacher).

SCÈNE V.

LA CHARBONNIÈRE, NANNETTE, MÈRE FILASSE.

(Ces deux dernières entrent par la porte de droite).

NANNETTE *(soutenant la mère Filasse).*

Courage ! bonne mère. Venez, ça vous fera du bien de changer d'air.

MÈRE FILASSE *(s'appuyant d'une main sur l'épaule de Nannette) et de l'autre sur une canne).*

Je viens, mais les jambes plient un peu. Depuis plus de deux mois qu'elles ne m'ont pas portée, elles ne me connaissent plus.

NANNETTE *(après avoir conduit la mère Filasse sur le milieu du théâtre).*

Attendez, bonne mère, je vais vous apporter votre fauteuil.

MÈRE FILASSE.

Bonne mère ? — C'est toi, ma pauvre Nannette, qui est bonne ; c'est la mère Babeure qui est bonne.*(Nannette a avancé le fauteuil, la mère Filasse en s'asseyant se retourne et aperçoit la Charbonnière.)* Ah ! la Charbonnière *(elle est assise)*. C'est elle aussi qui est bonne... C'est toutes mes voisines qui sont bonnes... Mais moi, je ne suis pas une bonne mère, j'ai laissé partir mon fils pour la guerre. *(Elle essuie des larmes).*

NANNETTE *(à part).*

Allons ! le chagrin la reprend maintenant. Son fils... *(Haut)* Voyons, bonne mère. *(Elle frappe dans la main de la mère Filasse comme pour la faire revenir à elle).*

MÈRE FILASSE.

Je ne suis bonne mère pour aucune de vous, mes enfants, puisque je vous donne tant de mal pour me soigner. (*Portant ses yeux sur la Charbonnière.*) Eh! bien, que fais-tu là-bas, la Charbonnière? Avance ici que je te gronde... Qu'essaies-tu de cacher?

LA CHARBONNIÈRE.

Je ne cache rien. (*Elle est tout embarrassée et essaie toujours de cacher le rouet.*)

MÈRE FILASSE.

Mon rouet, une bobine pleine de fil... Je vois bien, va. Le mal peut se cacher quelquefois, mais le bien, jamais... Je sais tout.

LA CHARBONNIÈRE.

Mère Filasse, d'ordinaire vous êtes bien savante, mais aujourd'hui vous ne savez rien parcequ'il n'y a rien à savoir.

MÈRE FILASSE.

Je sais tout, mon enfant. Je sais que le lendemain du jour où le médecin M. Droguet, appelé pour me consulter, a dit que *ce serait long*, vous vous êtes réunies toi, la Babeure, Nannette, la mère Michel, Lambine même, et toutes nos voisines.

LA CHARBONNIÈRE (*s'approchant de la mère Filasse.*)

Qui a pu vous dire?

MÈRE FILASSE.

Je sais que vous avez fait le serment de me veiller et de tourner, l'une après l'autre, ce rouet qui seul me fait vivre depuis que j'attends mon cher Théodule. (*Elle essuie des larmes.*) Je sais que depuis plus de six semaines, aucune de vous n'a manqué à son serment. Je sais que vous n'avez pas voulu qu'on me portât à l'hôpital, parce que je tenais à mon pauvre lit... Et c'est parce que j'ai su cela que je me suis efforcée de chasser ces vilains songes où je vois mon fils déchiré par les ennemis de la France, de me guérir enfin pour vous délier ainsi de votre tâche charitable mais trop lourde.

NANNETTE (*s'appuyant et se penchant sur le dossier du fauteuil de mère Filasse.*)

Bonne mère, ne parlez pas de charité, c'est tout simplement des *dettes* que chacune de nous avait à vous payer.

MÈRE FILASSE.

Des dettes ! La pauvre mère Filasse n'a jamais pu rien prêter...

NANNETTE.

Je crois bien, vous donniez.

LA CHARBONNIÈRE.

Ne dites pas non plus, mère Filasse, que notre tâche était lourde.

MÈRE FILASSE.

Chacune de vous n'a-t-elle pas un mari, des enfants ?

LA CHARBONNIÈRE.

Une bonne abeille se doit d'abord à sa mère.

MÈRE FILASSE.

Ah ! si j'étais, ainsi que tu le dis, la mère de la ruche, mon fils, mon Théodule ne l'aurait pas quittée.

NANNETTE.

Il l'a quittée pour un temps. Ne doit-il pas revenir ?

MÈRE FILASSE.

Revenir... On voit bien qu'aucune de vous n'a un fils à l'armée en ce moment.

LA CHARBONNIÈRE.

Si, la mère Marengo.

MÈRE FILASSE.

Le père Marengo était un vieux soldat du premier empire. On est fait à ces choses-là dans sa famille, il était le sixième fils de sa mère et il a laissé à sa veuve deux fils, dont l'un est près d'elle qui bêche son jardin et dont l'autre, qui est à l'armée, a bien des douceurs... Il est caporal. Ce n'est pas comme mon unique enfant, mon pauvre Théodule. (*Elle essuie des larmes.*)

NANNETTE (*toujours appuyée sur le dossier du fauteuil.*)

Voyons, bonne mère, pourquoi vous chagriner toujours. Théodule allait vous être rendu sans la guerre, c'est vrai ; mais il vous a écrit, il y a un mois, de ne pas vous faire de la peine, qu'il n'y aurait pas la guerre longtemps, que l'Empereur l'avait promis...

MÈRE FILASSE.

Ta, ta... Les empereurs ne sont pas toujours les maîtres.

LA CHARBONNIÈRE.

Eh! bien, je vous jure, mère Filasse, que mon mari le Charbonnier dit comme Théodule que la guerre ne sera pas mauvaise. Il fait des remarques dans le ciel ; vous savez, l'homme qui voit la nuit a de bons yeux, et le Charbonnier ne voit que de bons signes... *(On frappe à la porte de gauche.)*

UNE VOIX DU DEHORS *(appelant)*.

Madame Filasse!

MÈRE FILASSE.

La factrice... va voir, va voir. *(On frappe encore)*.

NANNETTE *(courant)*.

On y va, on y va.

SCÈNE VI.
LA CHARBONNIÈRE, MÈRE FILASSE, LA FACTRICE, NANNETTE.

LA FACTRICE.

Salut la compagnie.

NANNETTE.

Vous avez une lettre?

LA FACTRICE *(après avoir déposé son bâton et cherchant dans son sac)*.

Oui.

LA CHARBONNIÈRE.

Pour la mère Filasse?

LA FACTRICE *(elle tire une lettre et regarde l'adresse)*.

Oui.

MÈRE FILASSE.

Donnez vite, factrice. Est-ce une lettre de mon enfant?

LA FACTRICE.

Dame. Elle vient d'Italie comme la dernière. *(Remettant la lettre à la mère Filasse)*. Ça doit vous suffire.

NANNETTE.

Alors, bonne nouvelle.

LA FACTRICE.

Aujourd'hui, je n'ai que ça dans mon sac.

MÈRE FILASSE *(cherchant à ouvrir la lettre)*.

Tais-toi, Nannette... la main me tremble. Toi, la Charbonnière, aide-nous donc. *(Elle lui passe la lettre avant d'avoir pu la décacheter.)*

LA CHARBONNIÈRE.

Je ne demande pas mieux. (*Elle ouvre la lettre et cherche à la lire.*) Mais j'ai bien oublié... Je trouve à peine mes lettres. (*Lisant.*) « Ma... chère mère... » Après, je ne vois plus.

MÈRE FILASSE (*reprenant la lettre*).

Faut-il avoir près de soixante ans... avoir appris tant de choses... et ne pas savoir lire ! — Vous, la Factrice, lisez-nous donc ça. (*Elle lui donne la lettre.*)

LA FACTRICE (*elle prend la lettre, Nannette se rapproche, comme pour lire aussi*).

Je veux bien essayer parce que c'est pour vous, Madame Filasse ; mais je vous le dis, je ne lis bien que les adresses, ça doit vous suffire. (*Essayant de lire*) : « Ma chère... mère, Je..... je... nous.... nous... »

NANNETTE (*prenant la lettre et se plaçant près de la mère Filasse*).

Allons ! factrice, vous ne savez pas lire. — Mère Filasse, il y a écrit : « Ma chère mère, il n'y a plus de guerre... » (*Repliant la lettre.*) Voilà.

LA CHARBONNIÈRE.

Bon, Nannette qui a appris à lire... (*à part.*) C'est drôle ça.

MÈRE FILASSE.

Nannette, tu me trompes.

NANNETTE.

Non, bonne mère. Théodule a écrit sur du papier rose... (*Elle montre la lettre à la mère Filasse, qui la prend.*) Et c'est une bonne nouvelle, je vous l'ai dit.

SCÈNE VII.
LA CHARBONNIÈRE, MÈRE FILASSE, FEMME BABEURE, NANNETTE, LA FACTRICE.

FEMME BABEURE (*elle porte un capuchon, entrant*).

Une bonne nouvelle ! à la bonne heure. — Bonjour, mère Filasse.

LA CHARBONNIÈRE (*à part*).

La femme Babeure, nous allons savoir.

FEMME BABEURE.

Vous voici donc debout. Vous avez trompé M. Droguet d'un jour, c'est bien fait. (*Elle va déposer son capuchon sur le rouet.*) Vous parliez de bonne nouvelle, c'en est une. Y en a-t-il donc une autre ?

MÈRE FILASSE.
Lisez-nous cette lettre de mon Théodule?
FEMME BABEURE *(prenant la lettre.)*
Donnez, çà me connaît. Il faut savoir faire un peu de tout.
MÈRE FILASSE.
Lisez.
FEMME BABEURE.
J'y suis : « Italie, Cavriana, 27 juin 1859... Ma chère mère »
LA FACTRICE.
Vous voyez, Madame Filasse, j'avais bien dit, çà doit vous suffire. *(Elle prend son bâton.)* Je reprends mes jambes. J'ai pour le château une grosse lettre qui a l'air pressé.
MÈRE FILASSE.
Adieu, la factrice, merci.
LA FACTRICE.
Adieu, Madame Filasse, adieu, la compagnie.
LA CHARBONNIÈRE.
Adieu.
NANNETTE *(reconduisant la factrice à la porte)*.
Bon voyage!

SCÈNE VIII.
LA CHARBONNIÈRE, MÈRE FILASSE, FEMME BABEURE, NANNETTE.

FEMME BABEURE *(lisant.)*
« Cavriana est un endroit assez agréable... »
MÈRE FILASSE.
Ce pauvre cher enfant!
FEMME BABEURE *(lisant)*.
« Assez agréable pour se reposer le lendemain d'une bataille... »
MÈRE FILASSE.
D'une bataille! mon Dieu! Pourquoi faire battre toujours nos enfants!
FEMME BABEURE *(lisant.)*
« Le vin n'est pas cher dans le pays, je n'en dirai pas de même de l'eau, qui est réservée pour les colonels. Quant à la guerre... »

LA CHARBONNIÈRE.
Voyons si le Charbonnier avait raison...

FEMME BABEURE *(lisant.)*
« Quant à la guerre, que le sergent demandait depuis si longtemps pour avoir la place d'un autre, c'est fini. »

NANNETTE.
J'avais bien lu.

LA CHARBONNIÈRE.
Le Charbonnier avait bien vu.

MÈRE FILASSE.
L'Empereur a tenu sa promesse, vive l'Empereur !

FEMME BABEURE *(lisant)*.
« Demain nous refaisons nos sacs, ceux qui en ont encore. » Ma foi ! ce soir je vais faire comme feu le père Marengo faisait toujours à la Saint-Napoléon, ce soir j'allumerai deux chandelles derrière les vitres de ma fenêtre.

LA CHARBONNIÈRE.
Et moi aussi.

MÈRE FILASSE.
Vous avez raison, mes braves amies; la paix, c'est la joie des familles dans les campagnes. Il faut se résigner, quand elle nous est enlevée, mais il faut se réjouir quand elle nous est rendue. Moi, j'illuminerai comme vous, le jour du retour de Théodule.

FEMME BABEURE *(qui a lu tout bas)*.
Ce sera bientôt, mère Filasse. Votre Théodule va vous être rendu aussi.

MÈRE FILASSE.
Dites-le donc.

FEMME BABEURE *(lisant)*.
« Adieu, chère mère, je vous quitte pour le service. Il ne faut pas que je me fasse punir, car le lieutenant pour lequel j'ai été un peu... blessé... »

MÈRE FILASSE.
Cher mignon, blessé et pour un autre.

FEMME BABEURE *(lisant.)*
« Un peu blessé, m'a dit que j'aurais un des premiers congés accordés à la compagnie. Je vais donc vous embrasser bientôt... »

MÈRE FILASSE *(pleurant)*.
Brave petit !

FEMME BABEURE.

« Vous et Nannette, qui m'avait promis de bien vous soigner. »

MÈRE FILASSE.

Et qui a tenu sa promesse.

NANNETTE.

Dame ! comme elle a pu, et comme les autres.

FEMME BABEURE *(lisant)*.

« Adieu, j'écris sur la terre du bivac, je ne puis lire ce que j'écris. Portez-vous bien, ainsi que moi. » Voilà. *(Elle rend la lettre à mère Filasse.)*

MÈRE FILASSE *(baisant la lettre)*.

Pauvre cher mignon, va. *(Elle se lève et veut marcher.)* Allons ! voisines, je vais jeter ma béquille. Le grand remède est trouvé. Je vais revoir mon fils, je suis guérie...

FEMME BABEURE.

Mère Filasse, pas d'imprudence. *(Prenant la mère Filasse par le bras pour la faire asseoir.)* Asseyez-vous. Songez que les rechutes sont plus dangereuses que les maladies...

LA CHARBONNIÈRE *(qui s'est rapprochée pour soutenir la mère Filasse)*.

Remettez-vous.

MÈRE FILASSE.

Oui... — Vous avez raison. Je me croyais plus forte.

NANNETTE *(à part)*.

Moi, je cours lui chercher sa potion. *(Elle sort par la porte, à droite).*

SCÈNE IX.

LA CHARBONNIÈRE, MÈRE FILASSE, FEMME BABEURE.

Nous allons nous fâcher si vous n'êtes pas plus sage. — Calmez-vous et parlons maintenant de mon voyage, puisqu'il n'y a plus rien à cacher.

MÈRE FILASSE.

De quel voyage ?

FEMME BABEURE.

La Charbonnière, est-ce que Lambine ne vous a pas dit que j'étais allée à l'hôpital ce matin ?

LA CHARBONNIÈRE.
Lambine? Non.
(On frappe à la porte, à gauche.)
MÈRE FILASSE.
Va voir, la Charbonnière.
LA CHARBONNIÈRE *(qui a ouvert la porte).*
Entrez, Madame Duchâteau.

SCÈNE X.
MADAME DUCHATEAU, MÈRE FILASSE, FEMME BABEURE, LA CHARBONNIÈRE.

FEMME BABEURE.
Mère Filasse, c'est madame Duchâteau.
MÈRE FILASSE *(essayant de se lever).*
Madame, vous me faites bien de l'honneur.
MADAME DUCHATEAU.
Bonjour, mère Filasse. Je n'espérais pas vous trouver dans votre grand fauteuil et avec si bon air. Ne vous dérangez pas.
FEMME BABEURE.
Mère Filasse va mieux, merci au bon Dieu!
MÈRE FILASSE.
Et au dévouement de mes voisines.
LA CHARBONNIÈRE.
Et puis elle vient de recevoir des nouvelles de son fils.
FEMME BABEURE.
Çà lui a fait du bien.
MADAME DUCHATEAU.
Ah! Je lui en apportais aussi, moi.
MÈRE FILASSE.
Comment, Madame, des nouvelles de Théodule?
MADAME DUCHATEAU.
Et de bonnes, je crois.
(On entend du bruit au-dehors.)

SCÈNE XI.
MADAME DUCHATEAU, FEMME LAMBINE, MÈRE FILASSE, FEMME BABEURE, LA CHARBONNIÈRE, DEUX FEMMES DU BOURG.

FEMME LAMBINE.
(Elle porte un panier de fruits et entre en courant. Deux femmes portant des fleurs entrent à sa suite et se placent derrière la mère Filasse.)

Mère Filasse! Mère Filasse! (*apercevant Mme Duchâteau.*) Ah! pardon, Madame...

Mère Filasse, j'étais entrain de cueillir ces fruits-là pour vous dans notre jardin, lorsque la factrice m'a dit, pardessus la haie, que vous étiez debout, et que Théodule allait revenir.

Ma foi! çà m'a fait plaisir tout de même, et j'ai couru chez nos fileuses les plus proches voisines, pour leur donner la nouvelle. Elles ont voulu joindre des fleurs à mes fruits (*les deux femmes montrent leurs fleurs*), comme pour une fête, et nous sommes venues, toujours en courant... J'en suis tout essoufflée.

MÈRE FILASSE.

Pauvre Lambine! merci. Toi aussi, te voilà à la peine pour moi.

LA CHARBONNIÈRE.

C'est bien, Lambine. (*Femme Lambine va poser son panier sur le meuble, à gauche, et vient se placer à gauche de madame Duchâteau.*)

MÈRE FILASSE.

C'est bien. Mais à tout cela il ne manque que la vérité... Il n'y a encore rien de positif ni d'assuré dans le retour de Théodule.

MADAME DUCHATEAU.

Pardon, mère Filasse. Je viens vous annoncer que M. Duchâteau, touché comme moi, comme tous dans le pays, du dévouement avec lequel toutes les femmes du bourg vous ont soignée, touché surtout du spectacle de cette association généreuse organisée par la femme Babeure, de toutes ces fileuses, qui depuis six semaines se sont relayées pour faire marcher votre rouet pendant votre maladie et vous continuer ainsi le gain de votre journée, M. Duchâteau a profité d'un voyage à Paris pour voir le ministre. Il lui a tout raconté, et le ministre a bien voulu (*elle tire de son sac un papier plié*) signer ce congé illimité au nom de Théodule Filasse, fusilier au 98me de ligne, actuellement en Italie.

MÈRE FILASSE.

Puis-je croire à tant de bonté, à tant de bonheur?

MADAME DUCHATEAU.

Tenez, femme Babeure, vous êtes en même temps la présidente et le secrétaire de l'*Association des Fileuses*, c'est à vous que cette pièce doit être remise, car c'est de vous seule

et de ces bonnes fileuses que la mère Filasse doit la tenir.
(*Elle remet à la femme Babeure le congé qu'elle a déplié.*)

(*Pendant ce jeu, la mère Filasse, vaincue par l'émotion, s'affaisse sur elle-même.*)

LA CHARBONNIÈRE.

Bonne Dame ! la mère Filasse se trouve mal !
(*Elle se rapproche vivement de la mère Filasse. La femme Babeure se précipite à ses genoux et lui frappe dans la main pour la faire revenir à elle.*)

SCÈNE XII.
LAMBINE, MADAME DUCHATEAU, NANNETTE, MÈRE FILASSE, FEMME BABEURE, LA CHARBONNIÈRE, DEUX FEMMES DU BOURG.

NANNETTE (*entrant en courant par la porte de droite*).
Voici la potion du docteur. (*Elle tient une fiole et une cuiller.*)

MADAME DUCHATEAU (*prenant la fiole et la cuiller des mains de Nannette, qui se met derrière la mère Filasse*).
Donnez, petite Nannette, c'est moi qui ai fait le mal, il faut que je le répare. (*Elle fait boire à la mère Filasse deux cuillerées et rend à Nannette la fiole et la cuiller pendant que la mère Filasse reprend ses sens.*)

FEMME BABEURE.
Ce ne sera rien, c'est la joie.

MÈRE FILASSE (*revenue à elle.*)
C'est le bonheur. On ne meurt pas de bonheur, autrement je serais morte.

LA CHARBONNIÈRE.
Morte... moi je vous crois guérie pour toujours.

MÈRE FILASSE.
Je voudrais que ce fût au moins pour longtemps, car j'ai de longues prières à adresser à Dieu pour vous toutes... mes fileuses...

FEMME BABEURE (*qui s'est relevée*).
Attendez-donc, mère Filasse, que nous vous ayons rendu nos comptes. — Vous savez que je reviens de l'hôpital, où j'avais porté le reste de nos écheveaux... Voici ce que j'en ai rapporté. (*Elle tire une bourse de sa poche et la remet à la mère Filasse.*)

LA CHARBONNIÈRE.
Une belle bourse !

MÈRE FILASSE.

Une bourse...? (*Ouvrant la bourse*) et pleine d'or...!

NANNETTE.

Tant d'or que çà pour nos écheveaux !

FEMME LAMBINE.

Pour notre travail !

FEMME BABEURE.

Oui, tant d'or que çà. Je ne sais plus si je vous ai dit déjà que M. de Cerçay, le conseiller général du canton, était là l'autre dimanche, à l'hôpital, lorsque la supérieure m'a promis de nous acheter notre fil. Il paraît que ce brave Monsieur, après s'être renseigné près d'elle, lui aurait remis cette bourse à l'avance... La chère sœur m'attendait et elle m'a dit que c'était pour notre *Association des Fileuses*... Donc, c'est pour la mère Filasse.

LA CHARBONNIÈRE, NANNETTE ET LES DEUX FEMMES.

Oui, oui.

NANNETTE.

Pour la mère Filasse.

MÈRE FILASSE.

Mes enfants, il y en aura la moitié pour les pauvres du bourg.

MADAME DUCHATEAU.

Voici de bons exemples ! — Heureux ceux qui savent les donner, heureux celui qui peut les inspirer !

FEMME BABEURE.

Qui nous a inspirée? c'est la mère Filasse.

MÈRE FILASSE.

Mes enfants... C'est Dieu.

TOUTES.

Vive la mère Filasse !

FIN.

Romorantin, Imp. et Lith. de Joubert-Moreau.